생각이 길이다

생각이 길이다

행복하도록 생각하기

용타 지음

민족사

책머리에

저는 모든 존재들의 행복해탈을 간절히 발원
하면서 한평생 강의와 수련회를 해 왔습니다. 이
번에 최근 10년 동안 했던 강의 중에서 짧은 글
108 편을 간추려 엮으면서 그 책 제목을 『생각이
길이다』로 하였습니다.

불교에서는 마음공부를 종종 '한 생각 잘하기',
'한 생각 돌리기'로 표현하곤 합니다. 석가모니 부
처님 역시 제자들에게 "어떻게 생각하느냐?"고
물으시거나 "잘 생각해 보아라" 하시는 말씀을

자주 하셨습니다. 석가모니 부처님께서 열어 보이신 불교라는 가르침은 이처럼 인간이면 누구나 지니고 있는 지성을 그 기본 방편으로 활용하고 있습니다.

우리의 마음은 간단히 말하여 생각과 느낌 두쪽으로 되어 있다고 하겠습니다. 그래서 행복하도록 생각하면 행복이라는 좋은 느낌을 경험하고, 불행하도록 생각하면 불행이라는 나쁜 느낌을 경험합니다. 즉, 행복해탈을 경험하는 가장 보편적인 방법이 무엇이냐고 묻는다면 생각이 길이라고 할 것입니다. 행복해탈을 경험하게 하는 생각, 그것을 불교식으로 말한다면 정견(正見)과 정사유(正思惟)입니다. 사유(思惟)는 thinking이요, 견(見)은 thought입니다.

여기에 간추린 글들은 짧기는 하지만 제가 평생에 걸쳐 여러분 손에 쥐어 주고자 했던 메시지

입니다. 여러분께서 이 글들을 잘 읽고, 잘 생각해 보고, 잘 느껴 보신다면 분명히 여러분의 삶에 새로운 시각이 열리리라 생각합니다.

그렇습니다. 우리는 그냥 그럭저럭 살다가 사라져 가는 존재가 아닙니다. 여러분은 모두 이미 부처이시고 본래 무한자이십니다.

이 소책자는 아무 곳이든 펼쳐서 읽으시면 됩니다. 다만, 한 번만 읽고 스쳐 버릴 것이 아니라 한 편씩 한 편씩 천천히 읽으시면서 그 메시지의 뜻을 음미해 보는 시간을 가져 보시기 바랍니다.

2020년 초겨울
천령산자락에서
용타 합장

목차

생각이 길이다 ——

마음은 생각과 느낌

마음은 생각과 느낌 두 쪽이다
물론 더 세세하게는
마음을 백 가지로도 나눌 수 있겠으나
가장 단순하게 정리하면
생각과 느낌이라고 할 것이다.
생각은 수단 기능이고 느낌은 목적 기능이다.
인생의 목적은 행복이고
행복이란 좋은 느낌이다.
그런데 느낌은 스스로 생기는 것이 아니라
어떻게 생각하느냐에 따라

좋아지기도 하고 나빠지기도 한다.
그러므로 느낌이 좋도록 생각을 잘해야 된다.
자신과 세상에 대해 바람직한 생각을 하면
바람직한 느낌이 생긴다.
즉, 생각을 잘하면
외부의 상황에 휘둘리지 않고
스스로의 행복해탈을 주관하게 된다.

행복이란···

누구나 행복을 원한다.
그러면 행복이란 무엇일까?
건강? 사랑? 성공?
이런 것들이 행복일까?
그것들은 행복의 조건이지
행복 자체는 아니다.
그러면 행복 자체는 무엇일까?
한 마디로 그것은 '느낌'이다.
좋은 기분, 좋은 정서,
긍정적 느낌이 행복이다.

나쁜 느낌을 느끼면 불행하고
좋은 느낌을 느끼면 행복하다.
수학 문제 하나를 잘 풀었다. 기쁘다.
그 느낌이 그만큼의 행복이다.
불교에서 말하는 해탈도
결국은 행복의 다른 이름이다.
좋은 느낌이 해탈의 본질이다.

사람을 살려내는 약재

인생은 많은 사람을 만나는 과정이다.
그런데 자주 만나는 사람일수록
긍정점뿐 아니라
부정점까지 보게 되는 법이다.
그러나 긍정점에 주목하여
그때마다 적절하게 표현해 보라.
덕담은 진정 미덕 중의 미덕이다.
칭찬은 고래도 춤추게 한다고 하지 않는가.
주변 사람을 살려내는 것으로
덕담만한 것이 없다.

이것이 없다면?

감사 명상을 하려고 하는데 잘 되지 않는다.
그럴 때는
'있고 없음의 차이'라는 촌철을 떠올려 보라.
예를 들어,
화장실에서 일을 보았는데
그 곳에 휴지가 없다면?
그렇게 생각해 보면
화장실에 놓여 있는
휴지에 대한 감사는 적지 않을 것이다.
이 방편은

일상생활 속에 뒹굴고 있는 소소한 것들이
우리가 생각하듯
그렇게 소소한 것이 아니라
두루 감사한 것임을 일깨워 준다.

행복 연습 (1)

경계(境界, 환경)와 마주치는 과정,
그것이 인생이다.
경계는
순경(順境)과 역경(逆境), 두 차원뿐이다.
기분이 좋아지는 경계는 순경이고,
괴로워지는 경계는 역경이다.
이러한 구분에는 객관적인 요소보다는
주관적인 요소가 더 많이 작용한다.
뱀을 보고 소름이 끼치는 사람도 있지만,
군침이 도는 사람도 있다.

경계를 만날 때마다
그것을 역경으로 받아들이고
화를 낸다고 해 보자.
그런 인생은 얼마나 피곤하고 불행할 것인가.
그러니 경계를
순경으로 받아들이는 연습을 해 보자.
또 역경으로 느껴졌다 해도
곧 순경으로 바꾸는 연습을 착실히 해 보자.
그러면 행복은 언제나 내 곁에 있을 것이다.

생각이 깊이다 ——

행복 연습 (2)

저 사람이 이러저러해서 밉다.
그런데 미워하고 있노라니
내가 먼저 속상해진다.
그러면 이 역경계를 어찌 벗어날까?
어떤 상황이고 사정이 없는 것은 없는 법이다.
그 사람이 그렇게 미운 짓을 할 때는
그럴 만한 사정이 있는 것이다.
그러니까 속으로
그럴 만한 사정이 있겠지~ 해 보라.
그렇게 해 보면 역경에 걸려서 허우적대지 않고

빙그레 미소가 지어지면서
고개가 끄덕여질 것이다.

생각이 깊이다 ——

행복 연습 (3)

그놈이 나에게 욕을 했다.
그래서 화가 나고 그놈이 밉다.
그럴 때는 이렇게 생각해 보는 것이다.
'그래, 내가 공기처럼 고요하고
맑지 못하지 않느냐. 그렇기 때문에
욕설을 듣게 된 것이다. 내 부덕이 문제다.'
이렇게 생각하면
그 사람에게
'쌍!' 하는 마음이 일어나지 않는다.
오히려 내 모습을 직면시켜 주셔서

감사하다는 마음으로 전환하게 된다.
그러니까 역경이라고 하는 것은
내가 어리석게 생각할 때 생기는 것이다.
한 생각만 돌려보면 역경계는 사라져 버린다.
화에서 벗어나면 누가 좋은가?
내가 좋다.

생각이 길이다 ——

관심

소통에서 가장 필요한 것은 무엇일까?
그것은 관심이다.
구체적 나눔이 아직 드러나지 않았다 해도
관심이라는 따뜻한 에너지는
절로 통로가 되어 소통을 만든다.

수심(修心)과 화합(和合)

수심은 혼자서 한다.
그런데 화합은 함께 한다.
인격의 마지막 바로미터는
관계가 얼마나 탄력 있고
부드러우냐 하는 것이다.
홀로 수심을 잘해서 마음이 평화롭다 해도
사람들이 들끓는 시장에 던져지면
그 사람의 전부가 드러난다.
화합(和合)은 수심보다 더 궁극적 목적이다.

영적 성숙에 필요한
첫 번째 깨달음

우리가 이미 지닌 것은 많고 많다.
이미 지니고 있는
자신의 의식을 생각해 보자.
이 의식이 있기에
우리는 전 우주를 경험하면서
비로소 인생을 사는 것이다.
이렇듯
자연으로부터 이미 받은 것들을 생각하며
감사해 보라.
이 몸은? 공기와 물, 햇빛은 어떠한가?

자연으로부터 무상(無償)으로 얻은
나의 소유들에 눈뜨고
이것에 한없는 감사를 느끼는 것,
영성적인 인품을 가지려면
바로 이 부분부터 시작해야 한다.
기존(既存: 이미 있음)에 눈뜨는 것,
이것이 우리의 영적 성숙에 필요한
첫 번째 깨달음이다.

정체성(正體性; Identity)

우리는 자신을 '인간'이라고 생각한다.
수없는 생애 동안 자신을 '자연'이 아닌
'인간'으로 여겨 왔다.
그러나 생각해 보라.
빅뱅으로부터 시작하여
지금의 '나'에 이르기까지
그 전 과정을 자연 이외의
그 무엇이라고 할 수 있겠는가.
자신을
무한이라는 자연으로 느껴야 할 존재들이

자신을 한 개체라는 유한자 인간으로 느끼며
치열하게 싸우는 것이 역사의 현실이다.
이 존재를
홀로 똑 떨어져 있는 실체로 보는 것은
바닷가에 모래성을 쌓아 놓고
그것에 집착하는 것과 같다.
물론 나는 아무개의 어머니 혹은 아버지
등등의 인간이기도 하다.
그러나
어머니, 아버지 등등의 이름은 어디까지나
존재계에서 하는 역할을 말할 뿐이다.
마음속에서 한 차원을 달리해
자신을 자연으로 여겨 보라.
우주는 중중(重重)하게 연기(緣起)하는
하나의 유기체(有機體)이다.
그중에서 무엇을 끊어서 '나'라고 하겠는가.
마음공부의 핵심,
그것은 바로 정체성(Identity) 문제이다.

정견(正見)

대상을 바라보는 관점은 무수하다.
그러면 어떤 관점을 취할 것인가.
그 관점(觀點)을 선택했더니
아집(我執)이 사라지고
세상이 여여(如如)하게 느껴지며
마음에 자비심이 충만해진다면
그 관점이 좋지 않겠는가!
그렇게 우리를 행복하게 하는 관점,
그것이 바로
팔정도(八正道)에서 말하는 정견(正見)이다.

지족(知足)의 핵심은 감사

자, 너의 손을 보아라.

그 손이 고마운가?

고맙다고 느껴지면 그것은 이미 훌륭한

지족명상(知足瞑想: 만족을 아는 생각)이다.

두루두루 더 떠올려보라.

햇빛은? 공기는?

또 남편은? 아내는?

무엇이든, 누구든,

떠올려서 감사한 마음이 된다면

그것은 훌륭한 지족명상이다.

마음이라는 창조자

모든 것은 오직 마음이 만든다.
마음속에 있는 것이 현실로 드러난다.
무언가가 현실로 드러났다 하면
그것은 이미 마음속에 있었다.
이것이 일체유심조(一切唯心造)의 원리이다.

우선 웃어라

화가 나면 우선 웃어라.
그리고 시간을 보내라.
"내가 아직도 요 모양이구나" 하면서
씩 웃어라.
화가 났을 때
행동으로 옮기지 않고 시간을 보낸다는 것,
그것은 인욕바라밀(忍辱波羅蜜)이요,
지혜바라밀(智慧波羅蜜)이다.

재미있고 유익한 공부

자기 인품을 연구 대상으로 삼아 보라.
세상 구경거리 중에 최고의 구경거리는
자신의 마음의 흐름이다.
자신의 마음이 경계마다 다르다.
천변만화(千變萬化)다.
그런 자기 마음을
찬찬히 살펴보는 힘을 길러 보라.
재미있고도 유익한 마음공부일 것이다.

끝내 그쪽을 향하여

우리가 끝내 지향하는 삶은
탐진치(貪瞋痴)가 완전히 떨어져 나간 삶이다.
탐진치의 떨어짐,
그것이 바로 니르바나 아니던가!
그 구경을 향하여 바로 지금
해야 할 일은 무엇이겠는가?
연기, 무아, 비아, 중도 등의
정견(正見)을 정립하고,
이 정견을 관행(觀行)하는 것이다.
탐진치라는 마음의 짐을 공부 소재로 삼고

한 걸음씩

구경(究竟)을 향하여 나아가는 삶의 여정!

궁극의 아름다움이지 않겠는가!

행불행삼단계법칙(幸不幸三段階法則)

경계(境界, 對象, 狀況)는
일단 3단계로 다가온다.
부정적(否定的) 단계,
긍정적(肯定的) 단계,
초월적(超越的) 단계이다.
부정적으로 인식하면 불행이요,
긍정적으로 인식하면 행복이며,
초월적으로 인식하면 해탈이다.

천국의 원리

우주의 존재 원리는 연기(緣起)이다.
연기란
우주의 모든 존재들이
서로서로
다른 존재의 존재 근거가 된다는
상생(相生)의 원리이다.
서로가 서로를 부축하는 연기라는 원리,
천국의 산파(産婆)가 되는 원리가 있다면
바로 연기가 그 원리일 것이다.

사랑과 인정의 표현

늘 춥고 배고픈 사람이 있다.
사랑욕과 인정욕이 채워지지 않으면
춥고 허기진다.
추위와 허기를 채워 주는 것은 긍정적 언어이다.
이미 인정욕과 사랑욕이 채워진 사람에게도
사랑과 인정의 표현을 해 주면 더 좋다.
인정과 사랑은 누구에게나 필요하다.
주변 사람들에게 무언가 긍정적인 점이 있으면
그것을 반드시 표현해 주어라.
표현이 활로(活路)이다.

진정성

지고한 행복(해탈)이란
아무것에도 걸리지 않는 마음이다.
누구나 지고한 행복을 원한다고 말한다.
그러나 진정으로 행복을 원하는지
스스로에게 물어 보라.
그것을 진정으로 원해야
그 쪽으로 향하여 걷게 된다.

길들여진 지옥

평화를 깨뜨리는 원흉 1호.
그것은 바로 '자아(自我)'이다.
가정이나 직장, 또는 어떤 공동체가
백 가지의 이유로 평화롭지 못하다고 해도
그 백 가지의 뿌리는 바로 '자아'이다.
세상은 중중하게 어우러진 한 몸이다.
그런데 인간은
그것을 갈라서 보는 것으로 길들여져 왔다.
급기야는 너와 나로 갈라서 보는 것이
당연하고 편안하다.

그것이 고통스러워도 그런 삶이 익어지면
그것을 더 자연스럽고 더 편하게 여긴다.
얼마나 기묘한 현상인가.
지옥으로 떨어져 가면서도 그 지옥 놀음이
차라리 편하다고 여기고 있다니!
얼마나 끔찍한 중병에 걸려 있다는 것인가.

만큼의 해탈

존재의 근원적 스트레스.
그것은 '나'를 실체시 하는 것에서 온다.
아(我)가 본래 공(空)하니
그 아(我)를 내려놓아 보라,
그리고 그것을 내려놓았을 때
무언가 트인 감을
1그램이라도 느끼는가를 묻는다.
그 1그램이 1그램만큼의 니르바나,
1그램만큼의 해탈이다.

정(定)과 혜(慧)

의식도 어떤 패턴으로 길들여진다.
중생의 의식은
미성숙한 패턴으로 속속들이 길들여져 있다.
미성숙한 패턴은
마음을 고요하게 가라앉히는 것만으로는
고쳐지지 않는다.
미숙한 패턴을 고치려면
마음을 고요하게 가라앉힌 상태에서
사유의 터널을 통과해야 한다.
마음을 고요하게 가라앉히는 것은 정(定)이고

사유는 혜(慧)이다.
고요한 마음으로 사유하는 것,
이것이 명상(瞑想)이요 정혜(定慧)다.

느끼는 존재

인간은 느끼는 존재이다.
그래서
1그램의 인(因)으로 1톤의 과(果)를 얻는다는
'1그램 1톤의 원리'가 적용된다.
기계는 1그램이 입력되면
딱 1그램만 출력한다.
그러나 인간은 느끼는 존재이므로
1그램으로 인해
1톤이 기뻐질 수도 있고
1톤이 슬퍼질 수도 있다.

인간의 정서,
그것은 얼마나 신비한가.
이것 때문에 지옥이 되고 극락이 된다.
자신이 던지는 말 한마디가
상대에게 지옥이 될 수도 있고
천국이 될 수도 있음에 늘 깨어 있으라.

먼저 깨닫고 뒤에 닦는다

사람은 세세생생 '나 있음'으로 살아왔다.
그런데 그 '나'가
고통과 전쟁의 원흉이라면
어떻게 할 것인가.
그것에서 벗어나야 한다.
벗어나는 길은 선오후수(先悟後修)이다.
먼저 자아(自我)라고 할 만한 것이
본래 없다는 것을 깨닫고[선오(先悟)]
깨달은 그것을
반복관행[선오후수(先悟後修)]하여

몸에 익힌다.

요건은 반복관행이다.

일시적인 무아(無我)의 깨달음만으로

억만 겁 동안 길들여온

자아습(自我習)이 사라지겠는가?

역시 반복관행(反復觀行)이다.

'반복이 천재를 낳는다.' 하지 않던가!

서로 행복해지는 생각

지혜롭게 생각하는 것이 혜(慧)다.
어떤 것이 지혜로운 생각인가?
서로 행복해지도록[상생(相生)] 생각하는 것이
지혜로운 생각이다.
그 생각에 거점을 두고 살 때
서로 행복하게 된다면
그 생각이 지혜로운 생각이다.

불교가 불교인 점

불교를 계정혜(戒定慧) 삼학이라고 한다.
계(戒)는 모든 종교에 다 있다.
그리고 정(定)은 석가모니 생존 시에
외도(外道)들도 행하던 행법이다.
불교의 불교인 점,
그것은 단연 혜(慧)이다.
그래서 불교를 깨달음의 종교라고 한다.

모래를 삶아서

혜(慧)는 빼버리고 계(戒)와 정(定)만을 닦는다.
즉, 깨닫지 못한 상태로 그냥 닦기만 하는 것.
원효 대사는 이런 닦음을
증사작반(蒸沙作飯)이라 하셨다.
모래를 아무리 삶은들 밥이 되겠는가.

익숙하지 않은 것

익숙하지 않은 것이 불편하게 여겨지는가.
그러나 익숙하지 않은 그것을
허심(虛心)하게 경험해 보라.
그래야 인생의 폭이 넓어진다.
자기에게 익어진 것만 경험하려고 한다면
경험에 무슨 의미가 있는가.

기초 공부

마음 관리의 기초.
그것은 내 마음이 대상에 걸리지 않는 것이다.
대상은 무엇인가?
내 자신이 대상이고 밖에 있는 모든 것들,
색·성·향·미·촉·법(色聲香味觸法)이 대상이다.
그 대상에 걸리지 않는 것을 해탈이라 한다.
걸리는 순간 쌩! 하고 독소가 나오면
얼른 정신을 차리고 자기를 바라보라.
그런 조그마한 자세가
평화를 가져온다.

법등(法燈), 자등(自燈)

무엇을 배웠다.

그러면 그것을 자기의 것으로 용해시켜라.

배우더라도 배운 그것을 내 안에 용해시키는

사유(思惟)의 시간이 필요하다.

이런 사유의 과정이 없이

배움을 내 것으로 할 수 있는 법은 아예 없다.

사유를 통해서

법등(法燈)을 자등(自燈)화 하는 것이다.

자등화 되지 않은 법등은

사구(死句)일 뿐이다.

생각이 길이다 ——

필요와 욕망

필요한 일은 하면 된다.
먹어야 살 수 있으니
먹을 것을 해결하는 일을 해야 하고,
몸을 가리는 옷이 필요하니
옷가지를 갖추어야 하고,
몸뚱이가 의지할 집이 필요하니
집을 마련해야 한다.
일단 이것이면 되지 않을까?
물론 다는 아니겠지.
그러나

필요의 선을 넘어서서
스스로에게는 지옥이 되고
서로 사이엔 싸움이 되는 욕망들이
사람의 현실이 되어 있으니
웬 날벼락인가?
우리는
필요와 욕망 차원에서
날카로운 진단이 요청되는 위기에 처해 있다.

033 — •

여기까지가 내 몫

죽음명상을 한다.

그런데 편안히 죽을 수가 없다.

더 하고 싶은 것들이

이것, 저것 남아서 그렇다.

하던 사업도 더 키워야 하고,

쓰던 논문도 완성해야 되고 등등.

그럴 때는

"여기까지가 내 몫이다." 하고 생각해 보라.

깨끗하게 정리될 것이다.

나아가 '중중연기(重重緣起)하면서

흐르고 흐르는 대자연이 있을 뿐,
나고 죽는 내가 어디에 있겠는가?
사는 내가 어디에 있는가?'라고
생각해 보라.
이런 관행이 익어지면
죽음으로 인한 불안은 사라질 것이다.

자기 정화, 우주 정화

마음에 걸림이 없어지는 것.
이것은 자기 정화(淨化)만이겠는가?
정화된 나의 에너지는
바로 우주의 부분 집합이다.
자신이 정화되면 그만큼 우주도 정화된다.
그렇게 생각하면 마음 정화가 우주 정화요,
보살도가 따로 없다 하리라.

해야 할 일 1호

세상에 생겨나 해야 할 첫 번째 일.
농부도, 선생도, 의사도, 해야 할 첫 번째 일.
그것은 마음을 천국으로 끌어올리는 일이다.
'이 천국 마음으로 농사를 짓고,
아이들을 가르치고 환자를 돌보리!
이 마음으로
세상의 양장력(陽場力)을 고양시키리!' 해 보라.
스스로의 성스러움이 확인될 것이다.

트라우마(trauma)의 메커니즘

트라우마란 상처다.
밖에서 일어나는
피지컬(physical) 트라우마,
안에서 일어나는
멘탈(mental) 트라우마.
사람은 알게 모르게 트라우마를 입는다.
일파만파, 불행의 골을 판다.
여기에 한 자각이 요청된다.
사실(fact)이냐, 생각이냐를 고려하는 것이다.
사실이라고 생각할 때,

나는 트라우마의 피해자가 된다.
생각이라고 생각할 때,
나는 트라우마를 주관할 수 있다.
트라우마라 여길 수 있는 그것을
한 경험이었다고 생각해 보라,
일어날 만한 사정이 있지 않겠느냐,
그만하니 감사하지 않느냐 하고 생각해 보라.

그냥 연습해 가라

그냥 명상을 해 가라.
몇 번 해 보아
공덕이 따르지 않으면 속이 상하는가?
그것은 당연하지.
지금까지 게으름 피우며 살았는데
갑자기 된다면 오히려 이상하지 않은가.
안 된다면 안 되는 만큼
과거에 마음 관리에 게을렀다는 것을 말한다.
그러므로 안 되는 것이 당연한 줄 알고
그냥 연습해 가는 것이다.

그렇게 해 가다 보면

명상에 상응하는 공덕(功德)은 반드시 따른다.

즉시 벗어나라

지금 여기 걸림 없는 이 마음.
이것이 마음 관리의 목적이다.
그런데 경계에 걸려서
계속 대상 쪽으로 투사하고 있다.
그것은 부끄러운 일이다.
누가 나를 괴롭혔을 때,
습관적인 마음으로
"짜식!" 하고 역감정이 일어난다.
그러나 즉시 정신을 차리는 것이다.
'그 정도로 끝내 주니 실은 고맙다.

더 심하지 않았으니
은혜롭다!'라고 생각하면서
전환하고 벗어난다.
누구를 위해서 벗어나는가?
다름 아닌 나를 위해서이다.

자기 뜻대로 하고 싶은 욕심

분노는 왜 일어나는가?
내가 기대하는 욕구가 뜻대로 충족되지 않아
속이 상하는 것이다.
그러나 어째서 상대방이
내 욕구대로 움직여 주어야 한단 말인가?
상대방은 그 사람의 인생을 사는 것이다.
그러니까 내 욕구대로 해 주기를 바라는 것은
엉뚱한 탐욕이다.
이 욕구가 정말로 바람직한 욕구인가 보아라.
정말로 바람직한 욕구라 해도

내가 불만을 느꼈다는 것은
끝내 나의 미성숙이다.
확실하게 옳은 것을 기대했다고 하면
머리 차원의 기대로만 그치면 된다.
그런데 감정까지 끼어들었다 하는 것은
나의 미성숙이다.

생각 패턴 바로 잡기

수행의 1번은 생각 패턴 고치기이다.
생각 패턴을 고려하지 않는 수행자들이 많다.
그러면 어떤 현상이 생길까?
우선 능률이 너무도 저조하다.
그리고 그 닦음을 잠깐이라도 쉬면
삶이 본래의 패턴으로 돌아가 버린다.
그러니까 근본적인 치유는
잘못된 생각을 바로 잡는 것이다.
석가모니 부처님의 마음공부 1번이
바로 생각 패턴 바로 잡기였다.

그것을 불교식 표현으로는
정견(正見)이라고 한다.
부처님의 정견 1번은
나와 세상에 대한 생각 패턴을
실체(實體)시에서
연기(緣起)시로 바꾸는 것이다.

떠받들지 말고 익혀라

연기(緣起)가 왜 그토록 중요한가?
연기 자체는 그냥 천하의 이치이다.
그런데 연기라는 이치가 어째서
그토록 우리에게 금과옥조가 되는가.
그것은 연기라는 관점이
나의 행·불행에 영향을 주기 때문이다.
진리라서 중요한 것이 아니다.
내 불행을 행복으로 전환시켜 주는 약재,
방편이 되기 때문에 중요한 것이다.
그러니까

연기라는 진리를 떠받들 것이 아니라
연기를 통해
바로 무아(無我)를 볼 수 있어야 한다.
내가 자아(自我)에 걸려서 괴로워했는데
알고 보니
자아란 없구나 하는 것이 확연해져야 한다.

아하, 그렇구나!

깨달음은 요란한 사건이 아니다.
깨달았다 하면
속에서 무슨 스파크가 작열하는 등등
유별난 일이 생기는 것으로
생각하는 사람들이 있다.
깨달음이란 내 안에서
"아하, 그렇구나, 이제 알았네."
하게 된 것을 말한다.
이해와 깨달음을 굳이 나눈다면
유위법 쪽의 깨달음을 이해라고 하고

무위법 쪽의 이해를
깨달음이라고 하는 정도이다.
그러나 이해나 깨달음이나 모두
모르던 것을 아는 것에 불과하다.

내 안의 우주

과거에 여행했던 여행지를 떠올려 보라.
그 여행지는 내 의식 공간 안에 있는가,
아니면 저 밖에 있는가?
어리석은 사람은 그 여행지가 저 밖에
'사실'로 있다고 생각한다.
그런데 깨어 있는 사람은
자신이 떠올린 그 여행지는
자신의 의식 공간 안에,
자신의 염체(念體)로
존재하고 있는 것임을 안다.

내가 생각할 수 있는 우주는
전부 나의 의식 공간 안에 있다.
그래서 세친은 우주는 실체가 아니고
오직 식(識)일 뿐이라고 하였다.
우주에 존재하는 만법(萬法)이란
결국은 만법이라고 말하는 자의
의식 공간에 떠다니는 염체라는 것이다.
그러니 자신이 만든 염체에 자신이 걸려서
시비놀음으로 지옥살이를 한다면
얼마나 우스운 꼴인가.

진리와 방편

의식공간에는
여러 가지 염체(念體)가 웅성거린다.
마음관리란
그 염체들을 민첩하게 자각하고
정리하는 것이다.
즉 바람직한 염체는 시설(施設)하고
탐진치(貪瞋痴)와 같은
바람직하지 않은 염체는
정화(淨化)하는 것이다.
그런데 바람직한 염체라 해도

그것을 진리시하지 말고 방편시해야 한다.
진리시하면
집착 에너지나 독선적 태도가 생겨난다.
그래서 그것이
의식 공간에 흔적을 남기고 강화되면서
해탈에서 멀어지게 된다.

045 — •

그냥 치우기

탐진치(貪瞋痴)를 미워하지 말라.
물론 탐진치라는 바람직하지 않은 염체는
철저하게 정화해야 한다.
그러나 저항 에너지 없이 그냥 정화만 하여
의식 공간에
그림자를 남기지 않는 것이 현명하다.
그것이 나쁘니까 치우자고 하지 않고
번뇌즉보리(煩惱卽菩提) 차원에서
치우는 것이다.
여기 있는 이것이 보리(菩提)라고 하면

저항 에너지가 생기지 않는다.

그런데 이것을 번뇌(煩惱)라고 생각하는 순간

내 마음 속에 부정적인 에너지가 일어난다.

번뇌란 비난의 대상이 아니고

정화(淨化)의 대상일 뿐이다.

이것이 '나쁘니까~' 치워야 한다고

생각하기 쉽다.

그러나 '나쁘니까~' 라고 하는 순간에

이미 또 하나의 늪 속으로

발을 집어넣고 있음을 인식해야 한다.

번뇌즉보리(煩惱卽菩提)

그러면 보리(菩提)를 왜 치우는가?
이 보리가 여기에 있어서
그 결과 고통에 빠지니까
보리의 장소를 바꾸면 좋다고 하는 것이다.
탐(貪)이 우리에게 고통을 주니까
탐을 번뇌라고 이름 붙일 뿐이다.
탐 자체는 무한 우주에서
중중연기로 드러나는 하나의 썸씽(something)이요,
번뇌즉보리(煩惱卽菩提)일 뿐이다.
탐(貪) 자체를 바로 보아야 한다.

사실과 염체

내 앞에 장미가 피어 있다.
이 장미꽃은 사실인가, 염체인가?
우주에 존재한다고 여기는 모든 것을
일단 염체라고 보면 옳다.
의식권 안에서
운위(云謂)되기 이전의 모든 존재는
물자체(物自體)이다.
초월자요, 무규정자(無規定者)요,
무(無)라고 할 수는 없지만,
유(有)라고도 할 수 없는

공(空)한 그 무엇일 뿐이다.

그런데 어리석은 사람은 주관적으로

그러한 모양, 그러한 색깔,

그러한 크기를 규정해 놓고

그것이 실재로서 존재한다고 여긴다.

이들을 일러

소박실재론자(素朴實在論者)라고 한다.

그런데 사람들의 감각 인지 체계가 유사한 까닭에

비쳐지는 현상도 유사해진다.

그래서 마치 객관적으로 존재하는

현실 세계가 있는 것처럼 경험되는 것이다.

그러나 제대로 깨닫고 보면

그 현실 세계는 끝내 '사실'이 아니라

받아들이는 자의 '사실염체(事實念體)'인 것이다.

긍정염체, 부정염체

염체란 일단
긍정염체와 부정염체로 나눌 수 있다.
정견(正見, 바람직한 가치관)은
긍정염체(肯定念體)요,
탐진치(貪瞋痴)는
부정염체(否定念體)라 할 것이다.
행복해탈에 도움을 주는 긍정염체는
일단 우리 의식 공간에 시설해야 하고
우리를 불행케 하는 부정염체는
일단 정화해야 한다.

그이도 그러할까

성인(聖人)들의 정체성을 취해 보라.
예수, 붓다, 노자, 소크라테스
등등의 아이덴티티를 취하라.
그리하여 상황마다 스스로에게 물어라.
내가 이러하듯 그이도 그러할까?
내가 지금 저 사람을 미워하는데
예수님도, 부처님도 그러할까?
그렇게 물어보라.

먼저 이치를 자각하라

욕심을 내는 것이 싫은가?
화를 내는 것이 싫은가?
공부인일수록 많은 경우에
욕심을 내지 않겠다거나,
화를 내지 않겠다는 결심을 한다.
그러나 그런 결심은
욕심의 뿌리, 화의 뿌리를 근절하지 않고는
허무한 놀음이다.
우선 욕심을 낼 까닭이 없는 이치(理致),
화가 일어날 필요가 없는 이치를

확연히 자각하라.
그리고 그 자각을 바탕으로 수행을 거듭하여
화내고 욕심내던 습관을 정화하는 것,
이것이 길이다.

노을에 감동하듯

인생은 인간을 만나는 과정이다.
그러니 행복한 인생이 되려면
인간 일반에 대한 첫 느낌,
제 1감이 좋아야 함은 말할 것도 없다.
노을을 떠올려 보라. 얼마나 아름다운가.
탁 트인 푸른 허공을 떠올려 보라.
가슴이 떨리지 않는가.
인간을 바라볼 때,
노을이나 푸른 하늘을 바라볼 때처럼
아름다움으로 가슴이 떨린다면 어떠할까?

감동 학습

우리의 행, 불행에는 많은 요소들이 있다.
그 중에서도 결정적인 요소 하나는
인간인 우리가 인간에 대해 느끼는 느낌이다.
그러면 어떻게 하면
인간에 대해 감동할 수 있을까?
여기에서도 역시 학습이 필요하다.
학습하지 않으면
태어나 자라는 과정에서
가족이나 주변 사람들로부터 입은 상처 때문에
인간 일반을 부정적으로 보게 된다.

그렇게 되면

매일 사람을 만나야 하는 삶이

얼마나 끔찍하겠는가.

인간에 대한 감동 학습을 해 보자.

인간을 생각해 본다.

'그 몸의 신비(神祕), 어떠한가?

그 마음의 신비(神祕)는 또한 어떠한가?

그리고 그의 역할은 얼마나 감사한가?'와 같이

인간관조(人間觀照) 명상을 한다.

불원간에

인간 일반은 감동(感動)으로 빛날 것이다.

사람 명상도 머리 작업부터

우선 머리에서 인간관이 바뀌어야 한다.

그래야 가슴에서도 바뀐다.

머리에서는 되었는데 가슴에서 안 된다면

머리 작업을 더 하면 된다.

그것이 사유(思惟)이다.

사유가

정견(正見: 바른 견해, 바른 가치관)을 만든다.

명상이란

고요한 마음(瞑)으로 생각하는 것(想)이라 했다.

사람 명상! 역시 머리 작업부터다.

먼저 사람에 대한

바른 관점(觀點: 생각, 정견, 가치관)을 정립한다.

그리고 그 관점(觀點)을 반복 관행(觀行)한다.

이윽고는 사람이 가슴의 감동으로 느껴진다.

054 — •
신기한 능력

사람의 혼(魂)은 어떠한가.
그 혼, 그 의식 작용이
인류의 문화 문명을 만들어 냈다.
하나 더하기 하나는? 둘 더하기 둘은?
넷 더하기 넷은? 여덟 더하기 여덟은?
열여섯 더하기 열여섯은?
속에서 답이 착착착 나오지 않는가.
얼마나 신기한 능력인가.
구태여 원효의 혼까지 갈 필요도 없다.
그다지 똑똑하지 않은 사람의 의식이라 해도

더듬고 들어가면 그 깊이는 무궁무진이다.
그런 혼과 몸의 존재가 인간이다.

역할을 하는 인간

인간의 역할은 또 어떠한가?
인간은
자신이 속한 공동체에서 어떤 역할을 한다.
한 아버지를 생각해 보자.
그 아버지는
서너 명 되는 가족을 위해 평생 애써 일하며
그 사람들의 행복을 지킨다.
그 아버지의 역할은? 어머니의 역할은?
또 세상 곳곳에서 각자가 맡고 있는
이런저런 역할은 어떠한가.

그 역할로 사회가 돌아간다.
인간은 역할 이전에도
그 존재가 찬탄 그 자체이지만
그 역할이라는 작선(作善)은 또 얼마나 큰가!
그 역할! 바로 보살도이지 않는가!

책임과 연기(緣起)

사람은 행동하는 존재다.
행동은 행동에 상응하는 결과를 가져 온다.
그 결과가 세상을 해치는 상황이 되면
상응하는 책임을 저야 한다.
'잘못했으니 벌을 받아야지~'
하는 잣대가 제시되기 쉽다.
그러나 행동한 자, 한 사람에게만
책임을 묻고 들어가는 것은 단편 논리다.
이때!
깨어있는 자는 잣대를 살핀다.

그 행동의 연기(緣起)를 살피는 것이다.

그 행동이 그 사람만의 것이겠는가?

그 사람은

가정이 만들었고, 사회와 세상이 만들었다.

회초리 앞에 종아리를 드러내야 할 자는

그 사람만이 아니라

가정, 사회, 세상이 함께 드러내야 한다.

실체(實體)는 없다.

연기가 있을 뿐이다.

조금 더 따스하게

어떤 사람이 잘못을 저질렀다.
이때, 두 가지 생각을 더하라.
'당신도 좋은 점들이 많지!'
또한 '그러하도록 나도 일조를 했지!'라고.
그러면, 그가 따스하게 안아질 것이다.

나의 부덕

악역의 인간이 공격까지 해 온다.
그러면 그 사람은
정말 참을 수 없는 나쁜 사람이 된다.
그러나 내 가슴이 조금만 더 크다면
문제는 달라진다.
공격을 접했을 때
화를 내고 맞대응하기 전에
'나의 부덕'을 떠올려 본다.
한 생각 전환으로 국면도 전환된다.
역(逆)경계라 생각하니 역경계가 된다.

역경계란 본래 없는 것이다.
어떻게 생각하고
어떻게 행동할 것이냐가 있을 뿐이다.
한 생각만 바꾸면
역경계는 흥미로워지고,
보살행의 단서가 된다.

원효의 해골통(骸骨通)

원효 대사가
무덤가에서 하룻밤을 자게 되었다.
한밤에 목이 말라
옆에 있는 바가지 물을 시원하게 마셨다.
날이 밝고 보니 어젯밤의 그 시원한 물은
해골에 담긴 썩은 물이었다.
원효 대사는 그만 토악질을 하고 말았다.
똑같은 물인데 어제는 꿀맛이고
지금은 왜 토악질이 나오는가.
원효는 더럽고 깨끗한 것이란

모두 자기 마음이 만든 것임을 깨달았다.

그것 자체는

나의 주관성 너머에 있는 것이었다.

원효는 화엄사상의

일체유심조(一切唯心造)를 뚫은 것이다.

원효 대사가 과거를 돌아보니

모든 것이 해골 속의 물과 똑같았다.

자신이 인식한 모든 것은

자기 주관성의 산물이어서

무엇이라고 단정할 수 없으니

그것에 대한 집착으로부터 자유로워진 것이다.

인식의 전환

깨달음은 신비한 것이 아니다.
어떤 상황을 어떤 관점으로 보았더니 괴롭다.
그런데 관점을 달리하여 인식하였더니
그 괴로움이 사라졌다.
이러한 인식(관점)의 전환이 바로 깨달음이다.
내가 무엇을 보고
그것이 사실이라고 인식하니 그것에 걸려든다.
그런데 이것이 사실이 아니라
나의 연기(緣起)구나 하니까
그것에 집착하는 마음이 놓인다.
그것이 인식의 전환이고 깨달음이다.

먼저 자기에게 물으라

마음 관리는 행복의 필수 조건이다.
그런데 마음 관리에 대해
바이블이나 경전에 묻기 전에
스스로에게 바로 물어라.
자기에게 묻게 되면 자기가 답을 해 준다.
석가모니도 누구에게 배운 것이 아니라
그냥 자기 속에서 퍼올린
자기 소리를 한 것이다.
석가모니가 열반하시려 할 때
아난존자가 물었다.

스승님께서 계시지 않으면
누구에게 의지해야 할까요?
부처님의 대답은
"너 자신을 의지하라(自燈明)"였다.
너 자신 속에 있는 지혜의 소리를 따르라.
자등명(自燈明) 하라, 그것이 1번이었다.
그리고 내가 45년 동안 설했던 나의 법도
참고하라고 하는 법등명(法燈明)은
자등명 뒤에 말씀하셨다.

이성(理性)의 소리

삶의 기준, 어디에서 찾는가?
경전을 비롯한
참고서에서 찾는 것, 바람직하다.
그러나 먼저
자신의 이성(理性, 知性)에서 찾는다.
자등명(自燈明)과 법등명(法燈明)의 문제다.
우리는 이미
자등명으로 상당히 잘 살고 있다.
누군가를,
무엇인가를 찾는 것은 다음의 일이다.

내 이성(理性),
내 양심(良心)의 소리만 잘 따라도
이 세상은 극락이다.
공부인들은 이 점을 꾸준히 유념해야 한다.
팔정도의 정사유(正思惟)는
바로 자등명을 말한다.

본래 비어 있다

지금 이 마음이 어떻게 느껴지는가.
마음이 빈 것으로 느껴지는가,
아니면 무엇이 차 있는 것으로 느껴지는가?
혹시 무언가 차 있는 것으로 느껴진다면
그것을 살짝 제쳐 보라.
살짝 제쳐 보면 텅 비는 것이 느껴진다.
왜 그러한가?
마음은 본래 비어 있기 때문이다.
빈 마음을, 빔을 연습해 보라.
기적 같은 공덕이 있을 것이다.

부모 원망은 자기 원망

부모 원망은 곧 자기 원망이다.
한시바삐 벗어나야 하는 걸림은
부모에 대한 걸림이다.
부모와 나는 DNA의 주파수가 같다.
그래서 내가 아버지를 미워하고 원망하면
그것이 공명 현상을 일으켜
자기 자신이 함께
미움과 원망의 대상이 된다.
부모에게 걸려 있다는 것은
바로 자신을 해치는 일이다.

그분의 아픔과 한계

부모를 용서할 수 없는가.
이러저러한 짓을 한 부모를
어찌 용서할 수 있겠느냐고 반문하는가.
그렇다면 돌려 생각해 보라.
'그들이 그러고 싶어서 그랬겠는가,
그들도 부족하고 미숙해서 그렇다,
그것밖에 안 되니
그렇게 되는 것이다.'라고.
부모의 이런 저런 점을
그들의 한계요, 아픔이라 생각하고

그들을 안아 주라.
나아가
'나의 부덕'이라는 것도 생각해 보라.
나는 나대로 부모와의 관계에서
부덕한 점이 있는 법이다.
그러니 '아버지의 아픔이요, 한계이자
나의 부덕이다.'라고 생각해 보라.

하루에 몇 분이나 살아 있는가

하루 24시간,
습관적으로 사는 시간은 얼마이고,
깨어서 사는 시간은 얼마인가?
당신은 하루에 몇 분이나
삶다운 삶으로 살고 있는가?

067 — •

일거수일투족(一擧手一投足)이 기적

어느 날 송광사 대법당.
방장 큰스님께서 설법단에 오르셨다.
"오늘은 산승이 각별한 자비심으로
다양한 신통을 보여 드리겠습니다."
설법, 제 1성(聲)이었다.
그런데 법문이 다 끝나가는데도
아무 신통을 보여 주지 않으시니,
한 대중 거사님이 답답하였던지 외쳤다.
"큰스님, 신통은 언제 보여 주실 것입니까?"
방장 큰스님 말씀하시길

118 생각이 길이다 ——— 🔺

"아, 이 사람 봤나?
아직도 신통을 못 보았던가?
내가 웃기도 했고, 기침도 했고,
주장자를 올리기도 하고 내리기도 했고,
이렇게 훌륭한 설법까지 하고 있는데,
이 많은 신통들을 못 보았단 말인가?"
설법장은 장중한 고요가 깔렸다.

그렇다! 생각하기 나름이다.
138억 년의 우주 역사에
생명이 시작되었다는 것,
고등동물인 인간으로 진화됐다는 것,
눈으로 본다는 것,
귀 열어 듣는다는 것,
냄새를 맡고, 맛보는 것,
이 어느 하나가 신비가 아니고
기적이 아니겠는가?
앉고 일어서고 걷는 것, 입 열어 말한다는 것,

서로 감사하고 사랑한다는 것,
그 어느 자락이 신비가 아니고
기적이 아니겠는가!

인생이란 묻고 답하는 것

인생이라는 것,

그것은 묻고 답하는 것이다.

그 사람을 알려면

그 사람이

무엇을 묻고 무엇을 답하는가를 보면 된다.

부처, 예수, 용수, 플라톤, 칸트 등등

천하의 성자(聖子), 현자(賢者)들은

무엇을 묻고 답하셨는가?

나는

무엇을 묻고 무엇을 답하면서 살고 있는가?

069 — •

행복의 장애물

진정 행복을 원하는가?
그러면 문득문득, 아니 시시때때로
자기 속에 자아(自我)와
탐욕(貪慾)이 도사리고 있는지를 점검하라.
행복을 장애하는 최고의 원수는
자아와 탐욕이다.
자아와 탐욕을 쉽게 허용하는 것은
마음공부인으로서 부끄러운 일이다.

생각이 길이다 ———

즉비시명(卽非是名)

금강경의 중요 메시지 하나는
즉비시명(卽非是名)이다.
'즉비(卽非) 어머니
시명(是名) 어머니'라고 해 보자.
어머니란 그 본질이 어머니가 아니라
편의상 붙인 이름이다.
그러니까 유위법 차원에서
편의상 어머니라는 이름을 가지고
어머니 역할은 하더라도
그 존재 자체가 어찌

어머니로만 국한되겠느냐 하는 것이다.
어떤 존재를 어머니로만 규정하면
그것은 그 존재를
본래의 억만 분의 일도 되지 않는
협소한 개념에 가두는 일이다.
즉, 본래 무한한 존재를
어머니라는 유한의 틀에
묶어 버리는 것이다.

071 — •

절호의 찬스

역경계는 절호의 찬스이다.
자기 점검을 위한 흥미로운 기회이며
수용 실습을 위한 살아 있는 기회이다.

실체성의 부정

존재(色)는 공(空)하다.
이 말씀은
그 존재성을 부정하는 것이 아니라
그 존재의 실체성을 부정하는 것이다.

영적 성숙

없는 것을 없는 것으로 아는 것.
이것이 영적 성숙의 첫 스텝이다.
그리하여 탐진치(貪瞋痴)가 사라지고
마음이 자유스러워지며
연민지심이 있고 해야 할 일을
자재롭게 할 수 있게 됨을 말한다.
즉, 자유(自由), 자비(慈悲), 자재(自在)가
영적 성숙의 3요소요, 목표이다.

천국의 창조주

천국을 만드는 자는 누구인가?
바로 나 자신이다.
지금 여기 이 마음을
내가 잘 관리해서 천국을 만들지 않으면
누가 만들어주겠는가.
인과(因果)를 잘 밟아서 천국을 만들어라.
우연한 행복,
그것은 행운일 뿐이다.

생각이 길이다 ——

돈법(頓法)과 점법(漸法)

점법(漸法)이란
시간적인 공을 들여
없는 것을 만들어 가는 과정이지만,
돈법(頓法)이란
이미 있는 깨달음을
재발견하는 것이다.
부처를 이루어 가려 하지 말고
이미 부처임을 이해하라.

076 — •

인생은 사실학이 아니라
해석학이다

이루지 못한 사실 때문에 불행한 것이 아니고
이루지 못했다고
생각(해석)하기 때문에 불행한 것이며,
이루었다는 사실 때문에 행복한 것이 아니고
이루었다고
생각(해석)하기 때문에 행복한 것이다.

생각이 길이다 ———

의식 공간 정리

무엇이든 정리하지 않으면 복잡하다.
의식 공간은 관점으로 정리된다.
관점 학습이 되어 있지 않으면
의식 공간은 뒤죽박죽이다.
관점 정립으로
인생과 우주의 단순화 작업을 하라.
단순이 구원이다.

사랑욕과 인정욕

누구에게나 사랑욕, 인정욕이 있다.
사랑이란
상대방에 대한 우호(友好)적인 느낌이요,
인정(認定)이란
상대방의 긍정적인 점을 인식하는 생각이다.
곧, 사람은 누구나
상대방으로부터
우호적인 느낌의 대상이 되고 싶고,
상대방이 자신의 재능 등 긍정적인 면을
알아봐 주기를 바란다는 것이다.

사랑욕, 인정욕이 성취되지 않으면
성장하기 어렵다.
특히 어린 시절!
가정 내에서 충분히
사랑받고 인정받은 아이가
훗날 건강한 인생을 산다.
그러므로 사람은 가능하면
충분히 사랑받고 인정받아야 한다.
서로 사랑받고 인정받는 정도만큼
세상은 천국이 된다.
함께하는 이웃들로부터
사랑받고 인정받도록 할 것,
함께하는 이웃들을
사랑해 주고 인정해 줄 것 등이 인간 관계의
기본윤리가 되는 세상이어야 한다.
그러나 이것이 어찌 쉬운 일이겠는가?
중대 경고가 있다.
천하의 모든 신념은

자신이 그렇게 살자는 것이지,
요구하고 강요하는
폭력의 도구로 쓰자는 것은 아니다.
이웃을 사랑하고 인정하되
스스로는 자신이 자신을 사랑하고 인정하면서
지족(知足)할 일이다.

079 — •
변함없는 것

불교는 역사적으로 변해 왔다.
그러나 이고득락(離苦得樂)이라는
목적만은 변하지 않았다.
변해 온 것은 그 방법론이다.

우주의 춤사위

우주 차원에서 보면 우환이란 없다.
모든 우환은 우주적 차원에서 보면
우주 춤사위 중의 하나로
우주적 인과(因果)일 뿐이다.
우환이라고 하는 것은
내가 주관적으로 그렇게 가치 판단한 것이다.
그 우환을 잘 수용하여 이 마음이 정화되면
그것은
우주 공사, 천지 공사에 참여하는 것이다.

영원한 미래

수행법들은 대개 미래지향적이다.
그러나 그 미래는 영원히 미래이다.
결코 현재가 되지 않는다.
그러므로 미래 대신
지금 여기 이 자리에서
이 마음을 완벽하게 자유케 하라.
즉탈(即脫)하라.

지금이 전부

지금 고통스러운가.
그러면 이 고통을 떠나 어디에서
불성(佛性)을, 자성(自性)을 찾을 것이냐.
지금 여기 이 자리에서
이 고통스런 상태가 없으면 나는 돌멩이이다.
이것이 나의 실존이고,
나의 생명성이며 나의 살아있음성이다.
배 아픈 부처, 허리 아픈 부처,
그냥 있는 이것으로 부처가 되라.
부처는 '더 좋으면 좋겠는데' 하는 생각이 없다.

이 한 생각 차이로

중생이 되고 부처가 된다.

083 — •

체험과 가치관

깨달음의 길에서 체험에 집착하지 마라.
체험이란 오로지 그 때 그 상황에
일회적으로 경험되는 것일 뿐이다.
다만 가치관을 바르게 하고
그것을 반복하는 데 힘쓰라.

084 — •

인(㞢)을 살펴라

언제나 내가 지은 인(㞢)을 살펴라.
고통이 올 때 고통에 집중하지 말고
그 인(㞢)에 관심을 두어라.
내 고통의 책임이 왜 밖에 있겠는가.
아무리 억울해도
그것은 나의 인과이다.

최고의 기회

인생을 부여 받은 까닭은 무엇일까.
무량겁에 쌓아온 업장을 녹일 수 있는
최고의 기회가 인생이라고 생각해 보라.
인생이 더없이 소중하고 빛나 보일 것이다.

복잡의 이유

천하가 복잡한가.
그것은 내 마음이 복잡해서 그러한 것이다.
천하는 그저
인과 순리로 작동되고 있을 뿐이다.

고쳐야 될 것

이 마음이 지옥을 만든다.
이 마음속
바람직하지 않은 가치관이 지옥을 만든다.
그런데 가치관을 고치려 하지 않고
지옥만 고치려 한다.
가치관을 고쳐 가면서 삶을 고쳐 나가라.
가치관 교정이 수행의 0번이다.

중대한 오해

깨달음에 대한 중대한 오해 하나.
깨달음을 얻으면
폭발하는 듯한 기쁨이
일어나리라는 것이 그것이다.
깨달음의 맛은 맹물 맛이다.
그 맹물을 깊이깊이 음미하라.

행복해탈을 위한 미끼

대상을 잡고 있지 않은 의식을 경험해 보라.
나의 에너지가 대상에 달라붙지 않고
그냥 있을 때
의식은 고요하고, 부드럽고, 여유롭다.
이 의식에
굳이 이름을 붙인다면 '진리'라 할 것이다.
그러나 이 '진리'도
그것 자체가 목적이 아니다.
그것 또한 행복해탈을 위한 미끼이다.

전제된 신념

우리 의식 속의 신념들을 살펴보라.
99.999%가 무반성적으로 받아들인
습관적인 신념들이다.
그중에서도 대표적인 것이 '나'라는 신념이다.
무한 우주 속 왜소한 태양계 속에 먼지처럼 태어나
그 '나'에 얼마나 집착하고 있는가.
그 '나'란 '나'에 집중할 때나 있는 것이지
전체의 관점에서 보면 '나'란 없다.
그런데 그 '나'를
전제된 신념으로 사는 것이 중생의 삶이다.

전체의 관점

중생은 자기 차원에만 머물러 있다.
한정된 차원에서 살면서
그것이 우주의 전부인 양 생각하며 사는 것이다.
나의 관점이 아니라 전체의 관점으로 보아라.
부분적인 관점에서
전체의 관점으로 전환하는 것이 곧 깨달음이다.

최고의 학습

학습 중의 학습.
그것은 주관성을 빼고 그냥 있는 학습이다.
그것은 사람으로 태어나 할 수 있는
가장 숭엄하고 성스러운 학습이다.
그냥 있는 학습이 바로 부처 학습이다.
추락이란 그냥 있지 못해서 생기는 것이다.
이 찰나, 이 순간에
그냥 있을 일밖에 무엇을 할 것인가.

1과 1,000억

1과 1,000억.
어느 쪽이 크냐고 물을 것도 없다.
그런데 1원의 이익을 얻으려고
1,000억짜리 영혼에 상처를 내고 있구나.

천재일우의 기회

'나'가 지옥의 창조자이다.
그 지옥에서 벗어나는 방편이
비아 명상(非我瞑想)이다.
비아 명상은
영성사(靈性史)의 혁명적 시간이다.
그것은
세세생생 거듭해 온 고통과 전쟁에서 벗어나는
천재일우의 시간이다.
이 존재를 '나'라고도 생각해 보고
또 '자연'이라고도 생각해 보라.

그 때 가슴에서 일어나는
느낌의 차이를 느껴 보라.

관심처 1번

공부인의 관심처 1번.
그것은 지금 여기의 이 마음이다.
무언가가 내 마음을 거스르는 순간은
최고의 공부 순간이다.
걸렸으면 감전하듯 그것을 알아채고
걸림을 일으킨 필터를 정리하라.
그 즉시 손가락을 나에게로 향하여
마음의 필터를 조사하고
걸림에서 벗어나야 한다는 것이다.
걸렸으면 이 순간이 지옥이고,
풀려나면 이 순간이 해탈이다.

096 — •

진정성

자유롭고 싶은가?
진정 자유롭고 싶은가?
그렇다면 그 진정성 자체로
오염(汚染)은 사라질 준비를 한다.

도인과 느낌

도인(道人)은 느낌이 없는 사람이 아니다.
도인이란 지고한 느낌을 느끼는 사람이다.
모든 명상의 수렴처(收斂處)는 느낌이고
인생의 수렴처도 느낌이다.

미성숙이라는 진리

탐진치(貪瞋痴)도 진리이다.
탐진치를 고통을 주는 진리,
고통을 주는
여여실상(如如實相)으로 생각하라.
그렇게 되면
내 속의 미성숙이나
다른 사람 속의 미성숙을
부드럽게 바라볼 수 있다.

관계 상황이 다를 뿐

무한 우주의 모든 존재는 평등하다.
깨닫고 보면 모두 여여실상(如如實相)이고
부처 아님이 없다.
이것을 좌우명 1번으로 하라.
사람은 산소를 좋아하고 탄산가스는 싫어한다.
그러나 산소와 탄산가스는
똑같은 우주의 에너지이다.
단지 관계 상황에 따라
그 작용이 달라질 뿐이다.

깨달음과 1초 열반

깨달음은

돈법 수긍(頓法首肯)의 심리과정이다.

곧, 연기(緣起), 무아(無我), 공(空),

중도(中道), 무심(無心) 등의 이해 과정이다.

깨달은 순간 해탈(解脫)을 경험한다.

해탈은 고작 1초,

그 수명(壽命)이 길지 못하다.

왜일까?

불해탈(不解脫)로 익어져 온

중생업(衆生業) 때문이다.

어찌 긴 시간의 해탈을 기대하겠는가?

어찌해야 할까?

그 1초짜리 열반을 2초, 3초~~

100시간, 만 시간, 영원이 되도록

깨달음을 거듭 확인하는

반복관행(反復觀行)이 필요하다.

바로, 선오후수(先悟後修)요,

돈오점수(頓悟漸修)인 것이다.

그러나 무엇보다 중요한 것은 깨달음 자체이다.

깨달음 없는 수행은

증사작반(烝沙作飯)으로

모래를 삶아 밥 만들기라고 하지 않던가!

성숙, 미성숙

성숙이란 주관성에서 벗어나는 것이고
미성숙이란 주관성을 개입시키며
그것을 사실이라고 믿는 것이다.

행복의 방해꾼

행복, 해탈을 가로막는 것은 따로 없다.

오로지 자기 생각이 가로막을 뿐.

그래서 한 생각 바로잡는 것,

그것이 불교요, 행복해탈(幸福解脫)의 길이다.

생각 바로잡기의 길이 무수하겠지만

단연 1번은

자아(自我)에 대한 생각 바로잡기이다.

'나 있음'의 관점을 '나 없음'의 관점으로

바로 잡는 것이다.

〈나 없음!〉, 이것이 궁극의 길이다.

중생의 삶

누구나 행복해지고 싶다고 말한다.
그러면서도 긍정에 무관심하고,
부정에 집중하며 지옥을 판다.
행복해지려고 애쓰는 것이 아니라
불행해지려고 애쓰고 있는 격이다.

인생이라는 예술

인생살이는 마음의 예술이다.
마음을 최상으로 관리하여
최고의 예술 작품인 해탈된 삶을 경험하는 것.
그것이 인생이라는 예술행위이다.
마음을 최상으로 관리하고 싶으면
우선 근본적인 질문을 하라.
그런 질문은 마음의 녹을 흔든다.
물어야 할 것을 묻고
스스로 답을 하려고 노력하는 과정에
마음의 녹은 뚝뚝 떨어져 나간다.

익히면 쉽다

익히면 무엇이든 쉽다.
미성숙이 쉬운 것은
세세생생 그것을 익혔기 때문이다.
성숙도 익히면 쉽다.
성숙을 익혀라.

싸움

진리는 옳고 그름의 문제가 아니다.
옳다, 그르다 하며 싸우지 말라.
초점은 이고득락(離苦得樂)이다.

최고의 경전

최고의 경전은 이 마음이다.
경전 속의 부처가 아니라
자신의 부처를 가지고 두루 해결하라.
팔만대장경까지 가기 전에
자신의 마음을 활용하는 공부부터다.
자등명법등명(自燈明法燈明) 아닌가!

생각이 길이다 ───

사유(思惟)의 힘

사실이 가로막고 있는 것이 아니다.
막고 있는 것은
사실이 아니라 나의 관념이다.
그 관념의 돌멩이를 깨뜨리는 것이
사유(思惟)의 힘이다.

생각이 길이다

행복하도록 생각하기

초판 1쇄 발행 | 2021년 1월 23일   초판 3쇄 발행 | 2021년 2월 22일

지은이 | 용타 스님

펴낸이 | 윤재승   펴낸곳 | 민족사

주간 | 사기순   기획편집팀 | 사기순, 최윤영   영업관리팀 | 김세정

출판등록 | 1980년 5월 9일 제1-149호
주소 | 서울 종로구 삼봉로 81 두산위브파빌리온 1131호
전화 | 02)732-2403, 2404   팩스 | 02)739-7565
홈페이지 | www.minjoksa.org
페이스북 | www.facebook.com/minjoksa
이메일 | minjoksabook@naver.com

ⓒ 용타 스님, 2021

ISBN 979-11-89269-79-1 (03220)